ME LLAMO HOKUSAI

Me llamo Hokusai

CHRISTIAN PEÑA

Premio Bellas Artes de Poesía Aguascalientes 2014

POESÍA

Primera edición, 2014

Peña, Christian
    Me llamo Hokusai / Christian Peña. — México : FCE, Ins-
tituto Cultural de Aguascalientes, INBA, Conaculta, 2014
    75 p. ; 23 × 15 cm – (Colec. Poesía)
    ISBN: 978-607-16-2293-8 (FCE)
    ISBN: 978-607-7585-93-0 (ICA)
    ISBN: 978-607-605-303-4 (INBA)

    1. Poesía mexicana 2. Literatura mexicana – Siglo XXI
I. Ser. II. t.

LC PQ7297   Dewey M861 P562m

Distribución mundial

Diseño de la colección: León Muñoz Santini

D. R. © 2014, Instituto Nacional de Bellas Artes y Literatura
Av. Paseo de la Reforma y Campo Marte s/n, Col. Polanco Chapultepec,
Del. Miguel Hidalgo; 11560 México, D. F.

D. R. © 2014, Instituto Cultural de Aguascalientes (ICA)
Venustiano Carranza, 101; 20000 Aguascalientes, Ags.

D. R. © 2014, Fondo de Cultura Económica
Carretera Picacho-Ajusco, 227; 14738 México, D. F.
Empresa certificada ISO 9001:2008

Comentarios: editorial@fondodeculturaeconomica.com
www.fondodeculturaeconomica.com
Tel. (55) 5227-4672; fax (55) 5227-4694

ISBN 978-607-16-2293-8 (FCE)
ISBN 978-607-7585-93-0 (ICA)
ISBN 978-607-605-303-4 (INBA)

Impreso en México • *Printed in Mexico*

El jurado del Premio Bellas Artes de Poesía Aguascalientes 2014, integrado por Javier Acosta, Jorge Humberto Chávez y José Luis Rivas, por unanimidad, decidió entregar el premio al trabajo titulado *Me llamo Hokusai*, firmado bajo el pseudónimo Ro, por ser una obra sólidamente estructurada en su conjunto, que ostenta un alto dominio de la expresión literaria tanto en la prosa poética como en el verso, así como una notable experimentación formal.

Christian Peña (Ciudad de México, 1985). A su corta edad ha merecido varios reconocimientos; además del Premio Bellas Artes de Poesía Aguascalientes 2014, por *Me llamo Hokusai*, ha recibido el Premio Nacional de Poesía Efraín Huerta 2013, por *Veladora*; el Premio Nacional de Poesía Enriqueta Ochoa 2012, por *El amor loco & the advertising*; el Premio Nacional de Poesía Ramón López Velarde 2011, por *Heracles, 12 trabajos*; el Premio Nacional Clemencia Isaura 2011, por *Libro de pesadillas*; el Premio Nacional de Poesía Joven Francisco Cervantes Vidal 2009, por *Janto*; el Premio Nacional de Poesía Amado Nervo 2009, por *El síndrome de Tourette*, y el Premio Nacional de Poetas Jóvenes Jaime Reyes 2008, por *De todos lados las voces*. En 2012, colaboró con Antonio Deltoro en la selección de la antología *El gallo y la perla. México en la poesía mexicana*, publicada por la UNAM. Fue becario de la Fundación para las Letras Mexicanas de 2005 a 2007, y del FONCA de 2010 a 2011 y de 2012 a 2013.

ÍNDICE

I. La gran ola de Kanagawa pudo ser la ola que
arrastró el cadáver de un marinero a las costas
de Hawái en 1982 o la misma que sacudió un buque
carguero zarpado de Hong Kong dejando a la deriva
un contenedor con patitos de plástico para jugar
en la bañera o la misma que temía pudiera ahogarme
durante mis clases de natación   15

II. El monte Fuji rojo es un volcán que hace erupción
en las pesadillas de un director de cine japonés
y también el presagio del accidente nuclear de Fukushima
en el 2011 y el mismo que despierta en las fibras de mi
pulmón izquierdo y al que los médicos insisten en llamarle
cordialmente adenocarcinoma   27

III. El sueño de la esposa del pescador es tu sueño
acariciando un pulpo en Puerto Vallarta y el pulpo
gigante encontrado en los alrededores de la isla
de Chichi y es también lo que soñaba Onetti cuando
escribió "Una mujer que nos dé la totalidad del cosmos,
hasta la próxima, con sólo tres agujeros y diez tentáculos"   39

IV. El fantasma de Kohada Koheiji que aparece noche
a noche al pie de su antigua cama es el fantasma
de un hombre decapitado en la carretera de Matehuala
y el fantasma de mi suegro que ronda la cocina y también
la sensación ante la pérdida de alguna extremidad
mejor conocida como el síndrome del miembro fantasma   49

V. Me llamo Hokusai pero también me llamo Katsushika
porque así se llama el pueblo donde nací y me llamo Litsu
que significa El Viejo Loco por el Dibujo y me llaman loco
porque dibujo leones y además me llamo Edward Lorenz
quien formuló la teoría del efecto mariposa   61

VI. Nota   73

Sé que a los ochenta años habré llegado a la maestría, sé que a los noventa conoceré el significado de lo que vive y nos rodea por todas partes, y sé que a los ciento diez años habrá en cada una de mis pinceladas el latido de la vida. Yo, a quien la gente llama El Viejo Loco por el Dibujo.

KATSUSHIKA HOKUSAI

Un hombre se propone la tarea de dibujar el mundo. A lo largo de los años puebla un espacio con imágenes de provincias, de reinos, de montañas, de bahías, de naves, de islas, de peces, de habitaciones, de instrumentos, de astros, de caballos y de personas. Poco antes de morir, descubre que ese paciente laberinto de líneas traza la imagen de su cara.

JORGE LUIS BORGES

Para mi viuda

I

LA GRAN OLA DE KANAGAWA PUDO SER LA OLA
QUE ARRASTRÓ EL CADÁVER DE UN MARINERO
A LAS COSTAS DE HAWÁI EN 1982 O LA MISMA
QUE SACUDIÓ UN BUQUE CARGUERO ZARPADO
DE HONG KONG DEJANDO A LA DERIVA UN
CONTENEDOR CON PATITOS DE PLÁSTICO PARA
JUGAR EN LA BAÑERA O LA MISMA QUE TEMÍA
PUDIERA AHOGARME DURANTE MIS CLASES
DE NATACIÓN

Los ahogados son azules y bellos.

Sólo una vez mi padre dijo eso.

Mi padre me heredó este color de ojos: azul para mirar el mar de cerca, para no temerle, para sobrevivir.

Un color que coincida con lo inmenso, que tenga en la mirada la fuerza de una ola. Hay olas que rozan el cielo con su cresta, olas como crestas de gallos que rozan el cielo con su canto. Hay olas que devienen en gritos y arrasan con todo lo que tocan. Hay olas que devienen en muerte.

Hay padres como olas que arrasan todo a su paso, padres como catástrofes naturales cuya lección es sobrevivirles.

Hay padres que dicen sólo una vez una cosa con voz de tromba y moridero.

Viernes por la noche.

Escuché que el mar arrojó a las costas de Hawái el cadáver de un marinero al que le faltaba un brazo. Lo vi en un documental de *National Geographic,* mientras mi padre me cortaba las uñas de los pies para la clase de natación.

Fue entonces cuando, sólo una vez, lo dijo: los ahogados son azules y bellos.

Nunca he visto un ahogado. Nunca he visto un muerto en vivo.

Ese hombre, al que el mar arrojó de su entraña, murió años antes de que yo naciera. ¿Cómo puede sobrevivir alguien tanto tiempo en el recuerdo? ¿Cómo puede 1985 ser una fecha memorable a través de la muerte?

¿Acaso ese hombre tuvo también un padre que metió en su cabeza la idea de conquistar océanos, que sumergió con la mano su cabeza en una piscina?

Viernes por la noche.

Clases de natación: la belleza también es disciplina.

¿Cuánto aire cabe en los pulmones de un niño de ocho años?

Respiración boca a boca: toda lección puede ser reprobada: todo miedo deriva en frustración.

El miedo te entrega a la deriva.

Aprender a nadar es fácil. Cualquier cosa es fácil si se tienen agallas. Los peces tienen agallas; los hombres, miedos. *Diccionario del diablo:* "El mar es un volumen de agua que ocupa aproximadamente dos terceras partes de un mundo hecho para el hombre, el cual carece de agallas".

¿Cómo se hace de agallas un niño de ocho años, cómo se hace de miedos?

Jalar aire, sostener la respiración sin desmayarse.

Descubrir cuánto misterio cabe en el azul.

Recortarse las uñas siempre antes de entrar al agua. Comerse las uñas a escondidas por miedo a ser descubiertos y corregidos.

Otro viernes. Otra noche.

Este patito de plástico llegó hasta tu bañera desde Hong Kong; sobrevivió al océano surcando su odisea de sal y de artificio. Dicen que el buque que lo traía consigo naufragó en el Pacífico, dejando a la deriva 29,000 patitos como éste. Así de muertos. Así de amarillos. Si un pato de plástico sobrevive al océano, tú puedes sobrevivir al breve mar de las albercas. Juega con él, confía. Y no olvides tallarte detrás de las orejas.

De noche, mi padre mira las noticias y los documentales de *National Geographic.*

Yo nunca he visto un pato, mucho menos uno amarillo.

Veo la televisión y así imagino Hong Kong como un país de caricaturas, con mujeres de ojos grandes y redondos y azules como olas en la mirada; olas tan azules como el cielo. Hong Kong es un lugar que imagino. No lo he visto de frente. No tengo agallas para llegar tan lejos.

Este pato de plástico dio vueltas durante varios años, atrapado en la corriente del Pacífico, hasta que un día salió de allí para llegar a tu bañera. ¿Qué nos enseña esto? ¿Qué aprendemos de esta lección? El miedo es un ciclo que puede romperse.

Los pensamientos de mi padre, antes de irse a dormir, giran en torno a las noticias. Los pensamientos naufragan hasta romper su propio ciclo y perder el sentido.

Escúchame, no vuelvo a repetírtelo: le temes a lo que no conoces. Míralo bien. Si te da miedo, dibújalo. Pinta una ola tan grande como la que temes.
Recuerda ese paisaje con el Monte Fuji al fondo, cerca de Kanagawa. Sólo una vez has visto esa imagen y no la olvidas. Pinta una embarcación o algo que siga a flote a pesar de las olas. El *Ukiyo-e* son las pinturas del mundo flotante. No hay casualidad en esto.
La lección de hoy: todos los ahogados deben flotar para llegar a ser bellos y azules.

Y bien, ¿cuántas horas puede nadar un hombre?, ¿cuántos días?, ¿cuánto tiempo antes de perder un brazo?, ¿cuánto tiempo puede un hombre aguantar la respiración bajo el agua antes de que el mar le reclame su último aliento?
¿Qué tan lejos queda Hawái de Hong Kong?
¿Qué tanto puede nadar un hombre hecho para el mar, un marinero, un hombre cuya belleza está en su disciplina? ¿Qué tan azul y bello es en verdad un ahogado? ¿Qué tanto sabe mi padre y cuánto azul hay oculto en las noticias o en el *National Geographic*?

Aquí nadie sabe nada de nada. Sólo especulaciones.
Para empezar, un cuerpo no flota de inmediato tras su muerte.
El punto es desmentir a tu padre.
Un cuerpo sólo flota después de que se hunde y el agua ha colmado sus pulmones. Entonces, sólo entonces, el cuerpo se descompone y produce metanos y otros gases para salir a flote. Sin embargo, esto no dura: pues el cuerpo nuevamente regresa al fondo del mar. Ése es su trabajo: el trabajo de un muerto es hundirse, en la tierra o el agua o en el vientre de máquinas que lo calcinen con su fuego.
Sólo después de gastar la última gota de su aire nace un muerto.
He aquí la lección de esta clase: todo muerto precisa de tiempo y disciplina para serlo.

Mares, oh, mares. Plastas de azul sobre el lienzo en blanco.

Haz que naufrague un buque que transporte alcohol, y no patos, y entonces tendrás un mar puesto para incendiarse.

Entonces, sabrás que todo elemento parte de la ceniza.

Ya no fumes, papá, no fumes.

Recuerda el color de los ahogados y lo bellos que son después de perder el aire. No fumes mientras cortas mis uñas. No mueras. No te hagas ceniza. Tus pulmones son balsas de hule a las que el sol deteriora en medio del océano. No subas a ese buque cargado de alcohol. No incendies el mar con tus palabras. No calcines el mar de tu mirada. No te mueras.

Lo lamento.

Su hijo no sirve para esto. Carece de agallas. Le falta disciplina.

No sé de qué otra forma podría estar cerca de lo que desea. Ya no venga los viernes. El grupo está muy avanzado para él. Es preciso que crezca. Señor, recuerde que está prohibido introducir juguetes al área de la alberca. Tendré que confiscar este pato de hule.

> ¡Hay que ensayar el agua!
> En mi pecho un timón comienza a girar despacio.
> ¡Hay que ensayar el aire!
> En mi pecho una vela despliega su albedrío.
> ¡Hay que ensayar los ojos!
> En mi pecho no hay sitio para tierra a la vista.

Pregunta, disculpe, una pregunta:

¿Por qué le dicen crol?

¿Qué tiene eso que ver con un estilo libre? Nada hay de libertad en estas olas. No hay libertad en estos mares, en ninguno.

La libertad del mar es una imagen válida sólo si se aprecia desde la orilla de la playa.

Un verso, un impulso, una brazada sólo es libre si se desencadena, si sale de la garganta hasta la mano y se deja fluir y rompe ciclos y enfrenta corrientes feroces como las del Pacífico.

Aclarar: demasiado cloro en el agua irrita los ojos.

Aclarar: demasiada anécdota en el poema no es necesariamente para irritar los ojos.

Aclarar: hacer una pausa para admirar la longitud y claridad del título de este poema.

Aclarar: echar plastas de blanco sobre plastas azules en el lienzo para recuperar la forma.

Aclarar: forma y fondo; el ahogado y la marea.

Todo mar, visto de cerca, es mar de fondo.

Todo mar es su forma.

Una voz es la forma que contiene. Toda voz tiene fondo. Hay que ver irritados unos ojos azules. Hay que ver llanto en unos ojos azules. Hay que ver un ahogado con los ojos azules.

Aclarar: *Yin Yang en la Gran Ola de Kanagawa*, si usted pusiera este cuadro, este poema de cabeza, apreciaría no la ferocidad del mar, sino la longitud del cielo.

¿Por qué le dicen calma chicha?

Pregúntaselo a Conrad. Un título como *El corazón de las tinieblas* sólo puede ser concebido por un hombre que sueña tempestades y lee a Shakespeare a orillas de algún puerto alumbrándose con una linterna a medianoche.

Pregúntaselo a tu padre.

Pregúntale si duerme y si la calma aparente de su respiración no es en verdad un grito de asfixia por ser el hombre que quiere que tú seas.

Pregúntate a ti mismo si en verdad existe algún tipo de calma.

Pregúntaselo al mar y dile si estar tranquilo es sinónimo de calma.

Patitos de hule. Corazones de hule. Simulacros.

Es preciso ensayar la muerte al menos un día a la semana.

Un viernes en la noche, por ejemplo.

La semana es un ciclo que se rompe los viernes.

Toma aire, tranquilo: sólo los cobardes cierran los ojos bajo el agua.

Los cobardes lloran enfrente de la clase.

Lo lamento, no insista.

No creo que sólo sea un problema de aprendizaje.

Su hijo no está hecho para esto. He visto niños de dos años con más agallas que su muchacho. No es que su hijo no sepa nadar, es que no quiere. Señor, no insista. No me grite. No crea que no puedo mandarlo al diablo cuando quiera. Será mejor que apague su cigarro y que se largue.

Música de mi padre:

> Ain't no mountain high enough,
> ain't no valley low enough,
> ain't no river wide enough
> to keep me from getting to you.

Pregunta: ¿quién canta, papá?, ¿qué escuchas?

No sé. Nada en especial. Todas las voces suenan iguales. Todas las canciones del mundo se parecen. No has aprendido nada. Ya no irás a esas clases. Buscaremos otro lugar; uno con mejores y más calificadas personas que puedan enseñarte. ¿Cómo se atreve a decir que no sirves para esto? ¿Acaso no eres mi hijo?

> Marinero que se fue a la mar y mar y mar y
> para ver lo que podía ver y ver y ver y
> y lo único que pudo ver y ver y ver y
> fue el fondo de la mar y mar y mar y

Marinero que llegó sin un brazo a las costas de Hawái en 1982.

Marinero que jugaba a ser un hombre mientras los otros jugaban a su infancia.

Marinero que piensa que la infancia es una fruta puesta sobre la mesa.

Marinero que aprendió a nadar a solas.

Marinero que aprendió a morirse desde niño.

No importa que no quieras ir a clases, me escuchas. Pon atención, mírame: si vuelvo a verte jugando a esa cosa con las niñas te rompo la cara.

Mi padre quedó huérfano a los 12 años. No sé si sabe nadar; nunca me enseñó a hacerlo. Recuerdo que en el mar, mi padre se metía en las olas hasta que éstas le cubrían medio cuerpo. Luego comenzaba a ladrar a ras del agua, imitando a un perro o el aullido de un lobo marino. Le gustaba jugar de esa forma. Ésa era su magia. Su cuerpo a medio mar era como una panorámica del Monte Fuji; al menos, a lo que yo conozco como una panorámica del Monte Fuji, la que he visto en las estampas de Hokusai. Mi padre es una montaña de Oriente. Ahora, sus nietos crecen a sus faldas como árboles saludables. A mi padre le gusta la voz de Marvin Gaye. Mi padre hoy es el abuelo que yo nunca tuve. Su cabello ha empezado a encanecer como si de pronto nevara en la cima del Monte Fuji. Su ladrido marino se ha atenuado con el humo del cigarrillo que frecuenta con devoción desmedida. Yo también fumo, por cierto, pequeñas, pequeñísimas fumarolas comparadas con la lluvia de fuego que exhala mi padre. Mi padre pasó de monte a volcán. No le temo. No quiero que muera. Me enseñó a no temer a la muerte. Me inscribió a clases de natación para aprender a respirar, para sobrevivir. No sé si la frase "Los ahogados son azules y bellos" se le ocurrió a él, o si la escuchó en algún documental narrado en otro idioma o es fruto de la inspiración fugaz del conductor de un noticiero. Pero esa frase es suya. Y es mía. Y de todos los que creen que la belleza también es disciplina.

Es una suerte que estas clases también sean los viernes. Esperemos que este maestro no resulte un imbécil como el anterior. Ponme atención: contesta a todo lo que te digan y pregunta todo lo que quieras. Haz lo que quieras, pero no vuelvas a avergonzarme.

¡Presente!
Sí, es mi primer día, primer viernes en la noche:
Me llamo como me puso mi padre. Me da miedo el mar. Me estremece la falta de rubor en el rostro de los ahogados. Me enamoran las palabras de mi padre; me falta su disciplina. Me aterran las majestuosas olas de Kanagawa, rozando el cielo con la cresta de su canto. Me reconozco a través de mis miedos. Me gusta que existan cosas azules y

bellas. Me llamo como pudo haberse llamado Hokusai o eso imagino. Quizás me llamo Hokusai.

No sé nadar, pero conozco la muerte.

Otro viernes.

Respira hondo, abre los ojos: ¿qué es el amor?

El amor es una calma chicha, un juguete de plástico dando vueltas en la corriente del mar, el inodoro o la bañera.

El amor no es para los cobardes, precisa de agallas.

Los peces tienen agallas; los hombres, miedos.

Pregunta, una última, aquí:

¿Por qué le dicen nadar de muertito?

El mar reclama su tiempo. Paso cerca de una hora internado en sus olas y, al salir, es como si hubieran pasado treinta años. Las yemas de los dedos se arrugan, se acartonan.

Todos envejecemos al entrar al mar. Los muertos parecen acartonados. Los muertos no nadan. Los muertos flotan antes de hundirse. Pero un hombre muere siempre más rápido cuando muere en mar abierto. Por eso le dicen nadar de muertito, porque te arrugas hasta encorvarte y volverte viejo en poco tiempo, porque te quedas mirando hacia el cielo, boca arriba hasta hacerte diminuto, de cartón.

Otra pregunta, la última, lo juro:

¿Hay algo de mutilación al cortarse las uñas o estoy exagerando?

Hay algo de humildad en ello.

Mi padre y yo fuimos juntos a Barra Vieja:

> El libro dirigió su vista hacia el mar.
> Un mar sin honra y sin piratería.
> Oh triste mar, sepulcro en donde todo vive.
> El mar, sudor de la tierra.
> A la orilla del mar nos encontrábamos
> como aquellos que piensan en la ruta
> que sigue al corazón, mas no su cuerpo.
> La tierra puede ser cruel, pero el mar no tiene corazón.
> Las bellas sirenas elevan su canto,

fascinante y sutil, sabedoras
del barco anclado de nuestra conciencia.
Y ahí estaba mi padre: flor de carne que la ola perfuma,
un amargo humillante mareo.
—Era un marino, él.

Mi padre morirá al grito de tierra a la vista.
Mi padre morirá por propia voz.
Mi padre trabaja en una oficina. Lleva allí más de treinta años y es como si sólo hubiera pasado una hora dentro del agua. Gana $15, tal vez $20 mil al mes; tal vez $25. No lo sé. Nunca hablamos de eso. No importa. Mi padre se ahoga en ese empleo, se ahoga en ese mar, fumando dos cajas diarias de cigarros, sin mentol, sin filtro, sin tabla de salvación, sin chaleco salvavidas. Una ola de cincuenta metros de altura rompe los vidrios de la oficina de mi padre y arrasa con todo, lo sepulta bajo el agua, lo ahoga hasta volverlo bello y azul.

Ahora, finalmente, llega su turno: "Una pregunta, hijo, ¿quién eres?, ¿qué te gusta?"

II

EL MONTE FUJI ROJO ES UN VOLCÁN QUE HACE
ERUPCIÓN EN LAS PESADILLAS DE UN DIRECTOR
DE CINE JAPONÉS Y TAMBIÉN EL PRESAGIO
DEL ACCIDENTE NUCLEAR DE FUKUSHIMA
EN EL 2011 Y EL MISMO QUE DESPIERTA EN
LAS FIBRAS DE MI PULMÓN IZQUIERDO Y AL QUE
LOS MÉDICOS INSISTEN EN LLAMARLE
CORDIALMENTE ADENOCARCINOMA

Ha comenzado la hora de la madrugada.

"Si puedes leer esto es que aún vives", estaba escrito con letras rojas, pintadas con aerosol, en uno de los muros del Hospital de Oncología:

recinto de largas filas de gente que cuenta su dolor en susurros o gritos que se pierden en pasillos donde la muerte se esconde bajo las camillas que transportan sábanas sucias; el Purgatorio en Avenida San Fernando, en Tlalpan; Hospital de sirenas de hierro que lanzan al aire su grito mitológico; hogar de la esperanza intravenosa.

Salí del Hospital con la mano cubriéndome la boca, con mi mano con trazos de sangre, pensando por qué para hablar de una herida es necesario el rojo. ¿El rojo es un color primario porque es elemental?, ¿si se termina el rojo se termina la sangre? La muerte sólo puede ser de ese color: estallidos, explosiones, erupciones.

Tumores, por ejemplo.

Todo empezó una noche mientras veía una película de Akira Kurosawa donde un reactor nuclear, seis para ser precisos, explotan y reducen a polvo el Monte Fuji.

Entonces, tosí sangre.

Aunque quizás todo comenzó con una erupción: un crustáceo que construyó su casa dentro de mí, un crustáceo que un buen día decidió instalarse cuerpo adentro y dejarse ir por el mar de la sangre.

Un tumor que se alimenta de sanguaza; cáncer a secas, aunque los médicos insistan en llamarle cordialmente adenocarcinoma.

Es predecible un nombre barroco para una enfermedad enredada, entumecida.

Los doctores hablan un idioma encriptado, tan difícil al oído como el que hablan los personajes de Akira Kurosawa.

Gracias por los subtítulos en las películas, las notas al pie, las aclaraciones, las letras pequeñas, los intérpretes de diagnósticos de enfermedades terminales.

Dios bendiga a los traductores; a los que pueden decir "volcán" y "cáncer" en español y japonés y hacer que suenen igual, que conserven su esencia.

Todos los médicos son traductores: el Doctor habla, interpreta las pruebas, las palabras que son signos imposibles;

en realidad, él es el verdadero crítico del texto:

"Crees saber de qué hablo porque escuchas lo que digo, sin embargo, desconoces mi lenguaje. Mi lengua no es mi palabra. Mi lengua es lo que oculto, lo que me callo: la fecha de tu muerte, las probabilidades de vida que te quedan. Hablar así no es cosa fácil, se necesitan años de práctica y aún más años de estudios, de especializarse en decir algo sin decirlo. Si digo '6', quiero decir 'nada'; si digo 'probablemente', quiero decir 'estás frito'. Lo único que te resta interpretar es el silencio. Un volcán está haciendo erupción a miles de kilómetros de este consultorio, ¿lo escuchas?"

Los hombres con bata blanca son sanguinarios.
El carnicero y el cirujano se hermanan.
Las vacas también sufren tumores.
Animales todos, al fin y al cabo.
Enfermos todos, después de todo.
Un bramido es el grito que se pierde entre los corredores del Hospital de Oncología cuando abandono la sala.
Aquí, con la esperanza conectada a un tubo, con un catéter que infunde nuestra ración diaria de engaño, nos retorcemos como reses.
Gritamos: tarde o temprano se nace de algún grito.

¿Cómo escribir un tosido?
¿Cómo escribir el primer síntoma elemental, insignificante y por completo extraño?
Enfermedad significa estar al margen.
Cáncer: palabra áspera, grave, acentuada.
Tengo un volcán que crece lentamente en mis pulmones o simplemente una mancha en medio de una placa, eso pienso afuera del Hospital de Oncología, mientras sostengo en la mano mis estudios, mis pla-

cas del pecho y de la espalda como placas tectónicas que se mueven,
estremecen el suelo, hacen temblar el piso y provocan la ira de todos
los volcanes.

Movimiento de placas que provoca la colisión de los continentes.
Intoxicado de humo de cigarro, de fábricas, de camión, de mí mismo.
Intoxicado de gases.

Un cigarro me ha vuelto un volcán en estado de alerta, una planta
nuclear en etapa de riesgo, un diagnóstico, una catástrofe.

El cáncer: un lugar común.
Y luego, el lugar del accidente:

> BBC MUNDO
> *De la Redacción*
> Las autoridades japonesas elevaron el nivel de alerta nuclear de
> la planta de Fukushima Daiichi de cuatro a cinco puntos en una
> escala internacional de siete puntos que mide la peligrosidad de
> los accidentes atómicos.
>
> El anuncio deja a la crisis desatada en la central dos nive-
> les por debajo del desastre en la central nuclear ucraniana de
> Chernóbil, ocurrido en 1986.
>
> El director del Organismo Internacional de Energía Atómi-
> ca (OIEA), Yukiya Amano, pidió este viernes al gobierno japo-
> nés más información sobre la crisis en la planta de Fukushima
> Dai-ichi.
>
> Mientras tanto en el terreno, ingenieros lograron restablecer
> el fluido eléctrico en la central nuclear para detener el sobreca-
> lentamiento de las barras de combustible en los reactores de la
> planta, situación que podría llevar a una fusión generalizada del
> núcleo de los mismos y a emisiones catastróficas de radiación.

Tuve una tía que murió de cáncer linfático; la madre de un amigo,
cáncer cervicouterino; otra tía, cáncer en la sangre; yo lo haré, estoy
cierto, de cáncer de pulmón, así, a secas, aunque los médicos insistan
en llamarle adenocarcinoma.

Todos los días despierto y me pregunto si seguiré vivo a finales de año, si al terminar el mes habré acabado estos papeles, si habré de resistir el día de hoy.

El trazo de mis días dibuja un paisaje catastrófico, una fusión nuclear, una ciudad plagada de humo y víctimas de radiación: niños con ojos desorbitados, mujeres mutiladas y sin dientes, hombres sin cabello ni esperma, ancianos con los huesos expuestos, ancianas con tumores que salen de su recto como llagas en el culo de mandriles; una ciudad enferma donde el monarca es un volcán que me recuerda la ira contenida del Monte Fuji, el Monte del odio.

El rojo es el color donde nace el odio.

Al menos, eso me dice la sangre que escupo por las noches: odio el cigarrillo, el microondas, los jugos de la carne asada, los químicos volátiles, el tinte con el que mi mujer pinta su pelo, los mensajes de texto y las llamadas telefónicas que llevo diariamente en el bolsillo, el sol y cada uno de sus rayos, lo nuevo y sus enfermedades, los avances en el terreno de la medicina, los retrocesos, los estancamientos, las supersticiones, los cigarrillos nuevamente, la condición heredada.

Se llama cáncer porque al analizar las células en el microscopio, éstas semejan la forma de un cangrejo.

Yo vi cangrejos de cerca cuando era niño; cangrejos rojos en Veracruz; blancos, en Pie de la Cuesta. Solía perseguirlos hasta que se enterraban en la arena, justo antes de poder atraparlos.

Los cangrejos avanzan hacia atrás, encuentran su destino dándole la espalda.

Un cangrejo es siempre una cuenta regresiva.

El cáncer nace bajo la superficie, crece y forma colonias, países enteros de cangrejos, mares de cangrejos que toman las habitaciones del Hospital de Oncología y hacen su casa bajo la piel de los enfermos.

El Hospital es un mar contaminado de agujas y desechos clínicos.

El mar se tiñe de sangre: los cangrejos han tomado la bodega del edificio.

Ha comenzado la hora de la madrugada, el tiempo de tomar notas: escribir rápidamente los síntomas sin omitir detalle alguno, siempre con la mayor precisión del dolor posible.

Tomar notas: la muerte comienza su dictado.

Ha comenzado la hora de hacer cuentas: me quedan seis meses; diez, si tengo el dinero suficiente. Me quedan meses y miedo.

Tomar notas: poner en orden nombres, números, fechas, familias, testamentos.

Recuerdos, por ejemplo:

> Cuando te conocí, fumaba dos cajas de cigarro diarias. Aún recuerdo el primer día que nos vimos, estabas sentada en el *Salute!*, llevabas una falda café, una blusa blanca; sobre tu mesa había una limonada y un montón de papeles desordenados. Yo fumaba mientras te veía desde el otro lado del restaurante. Comías sola. No esperabas a nadie. Yo no sabía que te esperaba a ti. Entonces ya tosía un poco, pero no así de fuerte, no con sangre. Entonces todavía tenía pulmones. Con el último aire que aún me queda quiero recordarte que cada cosa nuestra es tuya. Tus libros. Tus perros. Tu familia. Tus hijos. Ahora ya no puede ser de otra manera. Voy a morir quemado, estoy muriendo. Ese día, el primero de todos, me sonreíste. Me acerqué a tu mesa. Tenías los dientes perfectamente alineados. Así sonríe la vida, pensé. Así quiero sonreír cuando me entierren. Así de perlados tiene los dientes la muerte ahora mismo.

Las advertencias en las cajas de cigarro: pulmones negros, ratas envenenadas, hombres en su lecho de muerte, mutilados; cuadros hiperrealistas coronados al fondo con el Monte Fuji que dibujó Hokusai. El cáncer a la mano.

Colecciono esas cajetillas como si fueran las piezas de un museo.

Fumar es la recompensa a un placer mayor.

Fumar después de algo y algo siempre está sucediendo: después de beber, llorar, hacer el amor, el trabajo, las tardes con mi mujer paseando al perro; fumar inmediatamente después del nacimiento de mi primogénito, coronarlo con humo de cigarrillo; fumar para pen-

sar, para escribir nombres, dejar que la lengua se escalde en las
señales de humo; fumar a escondidas en la antesala de la muerte;
fumar como mi padre: volcán activo, colonia de chimeneas, bosque
incendiado, barco de vapor, llanta quemada, tufo del diablo, fábrica
a todo lo que da; fumar por herencia, por instinto; fumar, sobre
todo, por placer, dibujar círculos con el humo, la gloria del último
cigarro encontrado a medianoche, dibujar círculos como las fumarolas que dibujó Hokusai.

Paladear la muerte, darle el golpe.

Fumar: dejar que los pulmones hablen.

Ha comenzado la hora de tomar notas: escribir cartas de despedida,
escribir sin despertar a nadie. Toser sin despertar a nadie. El silencio
es la sombra de una boca, las palabras que la gente se traga para no
hablar de lo que duele.

*Las palabras son las lágrimas de los que quisieron llorar y no pu-
dieron.*

La muerte sigue su dictado, su voz es baja.

Se llama muerte.

Se llama muerte lo que no alcanza a decirse.

Se llama muerte y no puedo hacerme de oídos sordos, de ojos
sordos, de dolencias, de corazones sordos.

Se llama muerte, aunque los médicos insistan en llamarla cordialmente adenocarcinoma.

La muerte se escurre a la barraca de los cancerosos.

La muerte pasa lista en las salas del Hospital de Oncología donde
me dan la quimioterapia mientras miro en el televisor sujetado a la
pared noticias de ejecutados y convalecientes, partidos de futbol con
jugadores desplomándose a mitad de la cancha, accidentes aéreos,
votaciones, atentados. A veces, con el televisor apagado, mi imagen
reflejada en la pantalla es un espectáculo mórbido y terrorífico. El
televisor encendido muestra la explosión de la planta de Fukushima
Daiichi; un desastre nuclear, muchos estarán enfermos sin saberlo,
muchos tendrán cáncer. La enfermera cambia el canal y allí está *El
Monte Fuji rojo* de Akira Kurosawa. Las enfermeras y los doctores
pueden ayudarme cambiando el canal, pero no mi destino, pienso,
mientras siento perfectamente cómo otro cabello se desprende de mi

34

cabeza y algo salado y radioactivo brota de mis ojos y vuelve borrosas las imágenes de la película:

HOMBRE: ¿El Monte Fuji entró en erupción? ¡Qué terrible!

MUJER: Es algo peor. Hubo una explosión en la planta atómica.

CIENTÍFICO: Los seis reactores nucleares están explotando uno tras otro. Japón es tan pequeño que no hay escape.

HOMBRE: Pero... ¿qué pasó?, ¿a dónde fue toda la gente?

CIENTÍFICO: Al fondo del mar. Los delfines... incluso ellos se van.

MUJER: ¡Tienen suerte los delfines! Pueden huir nadando.

CIENTÍFICO: No servirá de nada. La radioactividad va a alcanzarlos... Miren las nubes..., la roja es de Plutonio 239, un décimo de millón de gramo causa cáncer; la amarilla es de Estroncio 90, se interna en ti y causa leucemia; la violeta es de Cesio 37, afecta la reproducción, causa mutaciones, engendra monstruos. La radioactividad era invisible y, por ser peligrosa, le pusimos colores. Pero eso sólo sirve para que sepas cuál de ellas te mató. Es la tarjeta de presentación de la muerte... Me largo...

HOMBRE: ¡Espere! La radiación no mata enseguida.

CIENTÍFICO: ¿Y qué? La muerte lenta es peor. No voy a morir despacio. Esperar la muerte no es vida.

MUJER: ¡Nos dijeron que las plantas nucleares eran seguras! Si no los cuelgan por esto, los mataré con mis propias manos.

CIENTÍFICO: No te preocupes, la radioactividad los va a matar. Lo siento mucho. Perdónenme. Yo soy uno de esos que merece morir.

Yo no sé si merezca morir; sé que debo, pero no sé si merezca hacerlo de esta forma.

Tomar notas: la fase mortal del cáncer es la número 4, la fase metastásica; la máxima escala de riesgo en una planta nuclear es de 7 puntos, la ceniza que arroja la erupción de un volcán afecta principalmente el aparato respiratorio, llegando a provocar cáncer.

Tomar notas: el Monte Fuji hizo erupción por última vez durante el periodo Edo, 53 años antes del nacimiento de Hokusai, 278 años antes de mi nacimiento. La radiación provoca cáncer. Los volcanes provocan cáncer. Lo rojo provoca cáncer. El rojo es el color que me está matando. Hokusai dibujó el cáncer después de ver enrojecido al Monte Fuji.

Tomar notas: las náuseas, el vómito, el cabello, las hemorragias son parte del tratamiento.

Tomar notas cuando la muerte dicta más rápido de lo que puedo escribir.

Se llama muerte la sala de quimioterapia del Hospital de Oncología. Se llama Hitodama: fuego fatuo ardiendo en el pantano de mi pecho, el alma que después de ser azul, se aleja; el Alma Azul; radiografías, tomografías por emisión de positrones, estudios antigenocarcino-embrionarios; la llama que guía a los personajes melancólicos en las estampas japonesas.

Hitodama: lo pronuncio mil veces hasta incendiar mi lengua.

Hitodama: el historial médico, el diagnóstico, la síntesis, el poema de la muerte:

EXPEDIENTE PACIENTE NÚMERO 128: Paciente masculino de 29 años que fue evaluado por expectoración hemoptoica de 2 meses de evolución como único síntoma.

Antecedentes de relevancia: tabaquista actual con un consumo medio de 250 paquetes/año. Neurosis ansiolítica controlada con Lorazepam 4 mg/día. Al examen físico presentaba: TA 120/80 mmHg, FC 90, FR 12, T° axilar 36 °C. Roncus bilaterales y sibilancias en hemitórax izquierdo.

Tomografía computada de tórax: muestra una masa hiperdensa en LII de forma redondeada con bordes definidos, rodeada por engrosamiento de los septos interlobulillares conformando un patrón en "crazy paving". Ante la sospecha de carcinoma pulmonar, se decidió la realización de biopsia quirúrgica.

Biopsia quirúrgica: se realiza una lobectomía inferior izquierda con fines diagnósticos. Durante la cirugía se biopsiaron ganglios hiliares,

dando **positivos para neoplasia.** Se observa a nivel de la cara dia-
fragmática engrosamiento pleural blanquecino. Al corte en rela-
ción al mismo, se observa formación tumoral cavitada de 8x5cm
ubicada a 2cm del margen bronquial.

Microscopía: Las secciones histológicas muestran **proliferación
neoplásica** constituida por células **epiteliales grandes y células gigantes pleomórficas neoplásicas.** Coexiste componente de **adenocarcinoma** poco diferenciado en cordones. Periféricamente se observa **parénquima pulmonar con hemorragia alveolar y necrosis
hemorrágica,** así como **hiperplasia intensa de neumonocitos y
metaplasia peribronquiolar. Ganglio linfático peribronquial con
compromiso metastásico.** Las secciones histológicas muestran
2 de 4 ganglios con compromiso metastásico.

DIAGNÓSTICO: Pulmón izquierdo: carcinoma pleomórfico. Dia-
fragma: infiltración por carcinoma pleomórfico. Lóbulo inferior izquierdo: Carcinoma pleomórfico (adenocarcinoma acinar y papilar
más carcinoma de células grandes, más carcinoma de células gigantes) de 8cm de diámetro, cavitado, con metástasis ganglionar.
ECOG 1. Pulmón derecho: no neoplásico con hemorragia alveolar.
Ganglio linfático nº 11, (linfadenectomía). Metástasis de carcinoma
2/4. El componente expresado en la metástasis es de adenocarcinoma.

Quisiera que el Doctor, los analistas, los científicos nucleares fueran
al grano, al tumor, a la yugular. Nada de rodeos. Nada de "no sé
cómo decirlo". Ellos deben saber cómo decirlo, ése es su trabajo.
Si considero la situación, bien podría comprar un arma y terminar
de una vez por todas con mis dolencias: llenar de pólvora la casa del
cangrejo, incendiar por completo el mar de agujas y de sangre,
quemarme la lengua con el metal ardiente.
Armas de fuego: llenar de plomo el cráter del Monte Fuji.
Armas de fuego: tomar decisiones, no notas.

Las noches son largas desde que duermo con un volcán en el pecho.
El Doctor no dijo que el insomnio fuera parte del tratamiento.

No es que no pueda dormir, es que no quiero.

El cáncer no toma siesta.

Cierro los ojos: puedo ver claramente la fachada del Hospital de Oncología: "Si puedes leer esto es que aún vives"; si puedo escribirlo es que aún no he muerto.

Las notas no se terminan, se abandonan.

Sólo queda actuar, apresuradamente o como sea: estallar en llanto, en declaraciones o en sangre, estallar como el Monte Fuji bajo los ojos de Hokusai o Kurosawa, como una planta nuclear, como un pulmón devastado por el humo. La madrugada es la hora perfecta para hacerlo. Todos duermen. Nadie puede escuchar lo que digo, nadie puede oír lo que toso.

Nadie, ni aquí ni en Fukushima, podrá escuchar la explosión de mis pulmones.

Pero, ahora, me detengo.

Hasta aquí tengo aliento, hasta aquí alcanza mi sangre:

ha comenzado la hora de la madrugada, el inicio del día más oscuro, la hora precisa de morir.

III

EL SUEÑO DE LA ESPOSA DEL PESCADOR ES TU
SUEÑO ACARICIANDO UN PULPO EN PUERTO
VALLARTA Y EL PULPO GIGANTE ENCONTRADO
EN LOS ALREDEDORES DE LA ISLA DE CHICHI
Y ES TAMBIÉN LO QUE SOÑABA ONETTI
CUANDO ESCRIBIÓ "UNA MUJER QUE NOS DÉ
LA TOTALIDAD DEL COSMOS, HASTA LA PRÓXIMA,
CON SÓLO TRES AGUJEROS Y DIEZ TENTÁCULOS".

Los pulpos tienen tres corazones.

Cada uno guarda su versión de la historia.

Toda historia de amor es un triángulo.

Entre nosotros hay alguien que no duerme: el tercero que somos, la criatura que emerge cuando avanzamos en la noche y la carne, en el mareo que nos arrastra.

Tú sueñas pulpos, tentáculos de amor y muerte.

El pulpo escudriña montañas submarinas, lugares que revientan los pulmones.

El pulpo arroja tinta en el orgasmo.

El pulpo es amorfo, su imprecisión también es su belleza; el tercero en discordia, la ventosa que succiona tus senos, el animal que aguardas desnuda y con los puños cerrados, soñando en un hotel de Puerto Vallarta.

Tu respiración es la huella que dejas al bostezar frente al espejo, las letras de vapor en el cancel del baño donde trazas con los dedos tu nombre.

Tu nombre es "Ro".

Así se dice tu nombre en japonés.

Así saben tu nombre los animales que viven allá, la corte de moluscos que ansía tu cuerpo sumergido cientos de kilómetros bajo el agua.

Katsushika Hokusai dibujó "El sueño de la esposa del pescador" en 1814, a partir de la leyenda de Nakatomi no Kamatari. Nakatomi, fundador del clan Fujiwara, se hizo pasar por plebeyo para contraer nupcias con una campesina anónima y diestra en el buceo. Fingió pobreza, quién sabe si fingió amor. Urdió un plan en el que su esposa lo amaría lo suficiente como para hacer cualquier cosa por ese amor, luego le revelaría sus verdaderas intenciones; quería recuperar la joya que el Rey Dragón del Mar había hurtado a las tropas del emperador Taizong durante la construcción del Templo de Kofuku. Taizong era esposo de la hija menor de Nakatomi, y esa joya robada por los demonios del Rey Dragón del Mar había sido una ofrenda para él. Luego de tres años, Nakatomi reveló el secreto a su esposa y la convenció de usar sus habilidades de buceadora para encontrar la joya en el fondo del mar. La flota de Nakatomi realizó un concierto para hacer salir del mar al Rey Dragón y sus demonios. Estos, fascinados por la música, cayeron en la trampa. La buceadora entró al mar, se sumergió hasta lo más hondo, encontró la joya y, a punto de ser apresada por los demonios que la descubrieron, tomó una daga, se abrió el pecho y la escondió allí dentro. Murió al llegar a tierra. Quién sabe si amó a su marido. Quién sabe si su despecho la llevó a ahogarse. Quizás tuvo de amante a un pulpo. Quizás la buceadora abría los ojos bajo el agua o se dejaba guiar por las caricias de las moluscos. Quizás por la mentira se abrió el pecho. Fue infiel bajo las olas. Hokusai la dibujó con un pulpo succionándole el sexo y otro besándole la boca.

Tu sueño ocurre al otro lado del mundo: Puerto Vallarta es Yokohama. Allí el cielo y el mar son siameses unidos por la mejilla. Pómulos negros o azules según el día o la noche; pómulos rojos, de rubor o de sangre, si intentaran despegarse.

El sudor de Vallarta es frío en Yokohama.

Tu piel en esa costa es como la de los fantasmas que viven en el templo de Zenshoan, como el grito de un recién nacido bajo el agua. Tus primeras nupcias fueron en el mar. Allí hiciste tus votos y prometiste honrarlos.

Allí, en Yokohama, hace cientos de años, posaste desnuda para Hokusai.

Eres la esposa del pescador.

Eres mi esposa.

Eres el sueño donde caminas descalza por la playa mientras esperas mi arribo. Buceadora ancestral, el sueño más salvaje, el más húmedo.

Tu sueño es repetirte: memorizar el camino hacia el lugar donde rompe el deseo. No caminas, flotas. Sueñas un mundo flotante. Duermes con pulpos en Puerto Vallarta, sumergiéndote en La Corbeteña para mirar de cerca tu deseo.

Tus sueños son de agua: no caminas, flotas.

Flotas dormida.
Eres la más bella sonámbula.
Amor, tu boca es la razón para fingirse ahogado.

La habitación del hotel cuesta 2 000 pesos por noche. Tiene vista al mar y baño con cancel de vidrio. Tiene televisión por cable y un par de mentas bajo la almohada.
No es lo mismo una cama de hotel que una de casa.
En un hotel se paga por escuchar las voces de los cuartos vecinos, por oír el acuario que convierte en música el rechinar del catre con tentáculos que tocan hasta el hartazgo.
En una cama de hotel rentamos los sueños.
Allí unos hacen el amor; otros se duermen esperándolo.

> CUARTO DE HOTEL
> Bajo las sábanas, bajo el colchón,
> bajo nosotros alguien duerme.
> ¿Puedes sentir sus manos
> cuando mis manos te tocan?
> ¿Es tu voz la otra voz de mujer
> que atraviesa los muros?
> En la perilla del cuarto hay un letrero:
> "Favor de no molestar",
> pero aun así aquí hay alguien,
> siento su peso dibujado en la sábana
> y el sueño de otra almohada
> aferrado a mis sienes.
> ¿Cerré el cuarto con llave?
> Siempre seremos tres:
> así se hace el amor entre fantasmas.

Mientras duermes y sueñas con pulpos, yo miro un programa de viajes en la televisión. Allí encuentro Yokohama. Allí, un hombre habla sobre el descubrimiento de un pulpo, un calamar gigante a 900 metros de profundidad cerca de la isla de Chichi.
"Era brillante y hermoso", dice Tsunemi Kubodera, el hombre en la televisión, el que pudo mirar de cerca los ojos del animal oculto.
Vale la pena pagar por una vista así.

43

Todas las imágenes cuestan: algunos pagan por programas de televisión, habitaciones junto a la playa, recorridos en lancha por la costa de Vallarta, cuadros, estampas, fotografías. Tú pagas por el sueño que contrae tu vientre, por el espasmo que te invade cuando duermes y te arroja a mares desconocidos.

Tú pagas por soñar con monstruos.

Yo pago por programas de concursos, documentales y novelas colombianas, por mirarte dormida, mientras pienso que el amor es un pulpo gigante atravesado por un arpón caliente.

Amor, Kraken, Odisea.

Amor que sólo cabe en el océano.

Amor, tu nombre es "Tako".

Así se dice pulpo en japonés.

En la época de Hokusai, "tako" era sinónimo de vagina. Las "ama", buceadoras y esposas de pescadores, solían trabajar semidesnudas en la playa. Se dice que Hokusai pagaba por verlas trabajar.

Todas las imágenes cuestan. Todo el amor.

"Brillante y hermoso", esos dicen los que lo han visto de cerca.

Una mujer que piensa duerme con monstruos.
Una mujer con forma de monstruo,
un monstruo con forma de mujer
abunda en los cielos.

A estas alturas de la noche, a este nivel del mar y del sueño, imagino un largo viaje al que no me acompañas, un lugar a mitad del océano donde debo trabajar, una pequeña balsa flotando en medio de los rayos de luna que iluminan las olas:

DÍA DE PESCA

Un puño de lombrices se retuerce
dentro de la cubeta de madera.
Me llevo una a la boca
y la erizo en la sal de la saliva.
Atravieso su carne con el filo
metálico y delgado.
La arrojo al mar, sostengo

44

la mirada en lo inmenso del paisaje
y aguardo a que el amor muerda el anzuelo.

Mujer, agujero hermoso.
Mujer que me da la totalidad del cosmos, hasta la próxima, con sólo
tres agujeros y diez tentáculos; mis ojos a la altura de tu sexo saben
lo que la noche no, mi ojo desciende hasta tu sexo, *nos decimos lo
oscuro;* tu sexo alga marina, coral, erizo, bebedero; ¿hacia qué puerto
apunta la brújula de tu sexo?, ¿de qué vive tu sexo, de qué agua?, tu
sexo, primer agujero del mundo, triángulo devorador de tripulaciones,
túnel del tiempo, arrecife, tumba, clítoris hipocampo; tu boca es lo
oscuro donde pierdo; tanque de oxígeno, mordedura, los puntos
suspensivos del abismo; la gruta del ano es el tesoro por el que
marineros han perdido una pierna o la esperanza completa; cueva de
mar, lugar donde no llega el sol; allí, en medio de la oscuridad, miro
los tentáculos del pulpo que dirige la música de la noche.

Pulpo hembra desposada.
Onetti también tuvo una esposa; cuatro, de hecho, entre primas y
extrañas de su sangre.
Una tarde, Onetti llenó de pulpos muertos las playas de Santa María.
En Santa María de Onetti el amor siempre se va por un agujero: el
caño, la soledad, el barranco o la muerte; al amor termina por
tragárselo un agujero.
Onetti fue amoroso.
Sus amores murieron.
Todas las historias de amor comienzan con un muerto.
El mar que escuchas en Puerto Vallarta es también el mar de Santa
María donde sucios nos revolcamos entre sal y arena.
Onetti tuvo tres corazones: Brausen, Larsen y Díaz Grey.
Cada uno guarda su versión de la historia.
Toda historia suya es un triángulo.
Hay una historia de Onetti que memoricé hace tiempo, otra historia
que también narra nuestro amor.
El calamar más grande del mundo también vive en Santa María, cer-
ca del astillero.

Pero también vive aquí en Vallarta, bajo las olas que rompen en la Isla Marietas, 900 metros abajo para ser precisos.
La isla de nuestra habitación, la isla rentada.
La isla de los pájaros dodos y el alcatraz patiazul.
La isla de las olas roncas.
La isla donde los pulpos tienen orgías de tentáculos, agujeros y corazones.
La isla donde la luna carga su voltaje y nos concede la gracia de la piel erizada.
La isla entre tu sueño y el mío.

Apago el televisor, hago que Tsunemi Kubodera guarde silencio y leo *Esbjerg en la costa* en busca de algo "brillante y hermoso".
El insomnio me resulta afrodisíaco.
Cierro los ojos: veo a los amantes de Onetti estremecidos, temblando en la distancia que se interpone entre ellos, en los secretos que hacen latir como otro corazón, soñando con calamares gigantes bajo el mar de Esbjerg.

Me interno en aguas de Hokusai. La mano que toma el pincel y traza una línea es la misma que sujeta la pluma y escribe para que la hoja tiemble. Hokusai dibujaba con tinta.
Onetti escupía tinta.
Amor, este escalofrío estaba escrito desde antes de nosotros, de aquí a la totalidad del cosmos, hasta la próxima.

PULPO EN SU TINTA

Nunca se puede tener razón, ni en el restaurante.
FERNANDO PESSOA

Éste no es mi platillo.
Yo pedí pulpo en su tinta.
Esto es de alguien más y no voy a comerlo.
Me gusta el pulpo.
El pulpo es el cerdo del mar.
¿Por qué si pedí pulpo en su tinta me traen esto?
No me gusta esto ni hacer reservación.

No hago citas para encontrarme con lo que amo.
Esta hambre no es mía.
No voy a alimentar esta farsa.
(Cuando era niño, mi madre colocó un pulpo
sobre la tarja, se movía y en nada era como esto).
Me gusta el movimiento del amor,
pero no enamorarme de lo que no pedí.
Puedo esperar, pero no puedo comer esto.
Este amor no es el mío.
Por lo menos, cámbienme de mesa.

Pero mi sueño existe, es real. Tiene que ser real también el pulpo.
Tiene que ser real lo que dice mi lengua.
También mi lengua es un molusco; papilas como ventosas, idioma de
caverna, palabras que se adhieren a las rocas, tentáculos que se pegan
a tu boca, que bailan dentro y fuera de tu sexo.
Palabras que se adhieren a los sueños.
El pulpo tiene lengua y habla en la estampa de Hokusai.
Hokusai se introdujo a 900 metros bajo el mar de Yokohama o Isla
Chichi o Isla Marietas para escuchar al animal hermoso.
En la estampa de la mujer desnuda y extasiada que Hokusai dibujó,
sus manos húmedas escribieron las palabras del pulpo:

> "Al menos ella ya ha caído en mis redes. Y digan lo que digan,
> es un agujero de lo más apretado y apetecible. Aun más que
> una patata. Saa, saa, chupar hasta saciarse, y luego llevármela a
> casa y ahogarla y hacerla mi esposa".

Yo no tengo la piedad necesaria para ahogar lo que más quiero.
Estoy sudando frío sobre una cama de hotel en Puerto Vallarta.
Yo no sé dibujar.
Yo no aguanto la respiración bajo el agua.
Yo no tengo tres corazones.
Yo no escupo tinta.
En tus ojos observo los rostros de los hombres que te amaron, a los
que ahogaste arrojándolos a mar abierto o asfixiándolos con una

almohada después de haber comido un dulce de menta, oprimiendo con toda la fuerza de tus diez tentáculos.

Sueño que me miras dormir y pronuncias mi nombre.
Mi nombre en japonés, el que dijiste cuando aceptaste honrarnos.
"Hasta la muerte", dices en mi sueño.
"Hasta el último aliento, brillante y hermoso", dices, mientras me das un beso.
Entonces, despierto.
Tú continúas dormida.
Hay animales más profundos que mi sueño.
Hay un calamar gigante en lo oscuro de nuestro tercer corazón.

Despierto, amor, y escribo esto:

"el sueño es la realidad más frágil,
basta abrir los ojos para dejar de verla."

IV

EL FANTASMA DE KOHADA KOHEIJI QUE APARECE
NOCHE A NOCHE AL PIE DE SU ANTIGUA CAMA
ES EL FANTASMA DE UN HOMBRE DECAPITADO EN
LA CARRETERA DE MATEHUALA Y EL FANTASMA
DE MI SUEGRO QUE RONDA LA COCINA
Y TAMBIÉN LA SENSACIÓN ANTE LA PÉRDIDA
DE ALGUNA EXTREMIDAD MEJOR CONOCIDA
COMO EL SÍNDROME DEL MIEMBRO FANTASMA

Encender la luz sin encontrarla,
ser más negro en lo negro para estar más desnudo;
ser un grito de auxilio,
un grito que se confunde con un aullido sobre la carretera,
la fecha extraviada de una cruz; huir, rodar,
recorrer con el índice una larga lista de lugares pendientes,
tener en cuenta que *el arte de olvidar comienza recordando,*
permanecer, quizás, a pesar de la tierra;
algo que pesa menos que su sombra, un recuerdo atrapado entre dos
territorios, un cuerpo debatiéndose en el límite, alguien que cruza la
frontera, un muerto en vivo, el tercer hemisferio del cerebro, una
carta sin remitente, un indocumentado, un cadáver sin acta de defun-
ción, un hueco, un pariente lejano, una aparición que nos procu-
ra pesadillas, Kohada Koheiji, una pregunta, un dolor, alguien que
oprime el interruptor de la luz sin lograr encenderla, un apagón, una
fila de cruces sobre la carretera o una foto en la cómoda de mi
habitación, ¿qué cosa es un fantasma?
El fantasma de mi suegro, por ejemplo.
Mi suegro se infartó en noviembre, cerca del día de muertos. Mi
mujer lo lloró mucho. Desde entonces anhela verlo en sueños, en la
casa, en cualquier parte; enciende veladoras a las fotografías donde
aparecen juntos.
Mi mujer levanta noche a noche un altar de cera y de papel kodak.
La cómoda de la recámara es una galería de recuerdos, una casa de
apariciones como el Templo de Zenshoan donde se encuentra la estampa del fantasma de Kohada Koheiji.
Un lugar pensado para adorar la imagen de los muertos.

Perder un padre como se pierde una pierna o una mano.
Perder un padre es quedarse sin ojos para su paisaje.
Escucho las oraciones de mi mujer, pidiendo por su padre; la voz
con la que nunca me ha llamado, los secretos que jamás me ha com-
partido, el lenguaje a señas de la ausencia.

Una voz más oscura y apartada que el eco.
Una voz concebida para llamar fantasmas.
En las noches oigo sonidos en la cocina. Escucho cómo los trastes
se acomodan en la alacena; el rojo ruido del comal sobre la lumbre,
la puerta del refrigerador cerrándose de golpe, las cucharas y su con-
cierto de metales dormidos, el cuchillo rebanando una cebolla.
Mi mujer se ha quedado dormida después del rezo.
En su cabello recostado la noche enciende su misterio.
Desde su muerte, cuando menos una noche por semana, mi suegro
se instala en la cocina; guisa viejos hábitos para la cena.
Mi suegro es el único fantasma que he visto; la última vez que lo
visité en vida, me preparó chuletas de puerco en salsa verde.
Mi suegro tenía la mejor sazón.

> *Padre, te toco por última vez. Este frío de tu mano es un soplo*
> *de adentro; de más lejos que tú, del primer frío del mundo.*
> *Tu inmenso cuerpo de patriarca colmaba la cocina. Un mueble*
> *entre los muebles eras tú, árbol petrificado, barco zozobrado*
> *sobre el mosaico gris. Nuestras infancias, padre. Sí, juguetes*
> *decapitados que arden.*
> *Al suelo me incliné en tus últimos sobresaltos, sobre tu vida*
> *desmoronada.*
> *Un pájaro perdido sobre un pájaro muerto.*
> *Rozo el cartón-piedra de tu piel. De su terciopelo rígido llega*
> *a mis dedos mi propio origen, todas nuestras palabras no dichas,*
> *más allá del pudor de los antiguos secretos.*
> *Negra hendidura de tu boca entreabierta.*
> *Descenso a los abismos donde manos muertas te sujetan.*

Un muerto no es lo mismo que un fantasma;
una mano no es lo mismo que su sombra: esta mano que brota de la
tierra para pedirme que le dé una mano, una prótesis para escarbar,
para salir de la oscuridad que gobierna bajo tierra, para sobreponerse
a la muerte, para que mi mujer se sobreponga al final de su padre;
una prótesis para batirse a duelo:
uno, dos, tres, cuatro pasos
y espaldas para poner distancia;

cinco, seis, siete pasos

para abrir fuego contra nuestros muertos, para desenterrarlos;

ocho, nueve y, ahora sí, una mano con un índice fuerte para disparar entre ceja y ceja; una prótesis para darle cuerpo al miembro fantasma.

Algo me falta.

¿Por qué siento que algo me falta?

A mi mujer le falta su padre como si le hubieran arrancado un brazo.

Cercenar, quitar.

A mí también me duele esa muerte; el duelo es algo contagioso, una plaga que comienza en el pecho y luego se expande por el cuarto y toda la casa hasta mostrarme que una casa está siempre incompleta, siempre faltando algo o alguien para llenarla; una lámpara de refacción para cuando la luz se va o un bebé que a medianoche perturbe con su llanto hasta el último tabique.

Que falte un padre, por ejemplo.

El duelo: enfermedad crónico degenerativa; negar lo inacabado de las cosas.

Y siempre algo me falta.

Me falta coraje, ambición, severidad:

esa palabra temblando en la punta de la lengua.

Ahora mismo no sé si siento mi mano.

Un ejército de hormigas recorre el lugar donde debería estar mi mano. Siento cosquillas, pero también siento miedo.

Miedo a perder algo de tajo.

Miedo a descubrirme con muñones.

Sin una mano, ¿cómo saludo?

Entre estos dedos que faltan se enredaron los cabellos de mi esposa.

Esta mano murió prematuramente.

¿Dónde se entierran los miembros arrancados?

¿Existe un cementerio para brazos y piernas en la ciudad, un mausoleo para el árbol genealógico de nuestro cuerpo?

¿También allí aparecen fantasmas?

Los miembros cercenados terminan en bolsas de plástico dentro de los contenedores de basura de los hospitales; anónimos, muertos a la intemperie.

Si quiero conservar mi mano arrancada, ¿sería algo raro llevármela a casa?
¿Puedo usar mi pierna amputada como si fuera un florero?

Las cosas tienen la edad de quien las toca.
Sin manos para sentirlas, las cosas se afantasman.
Este peine no peina mi cabello como debería.
Esta taza de café no va a beberse sola.
Este cigarro a punto de consumirse no me quema los dedos.
Este muñón no se eriza ante mi deseo.
Escribo, pero no soy yo quien escribe. Me convierto, línea tras línea, en otra cosa. Estoy entre dos territorios: mi mano y el nombre que mi mano escribe.
El nombre con el que firmo estas líneas es mi fantasma.
Pongo mi mano frente al espejo. Pincho la imagen con una aguja, pero el reflejo me duele en la otra mano, la de carne, la de venas y huesos. Acaricio el cabello de mi mujer con esa mano. Ella duerme, seguramente sueña con su padre.
Trato de encender la luz de la habitación, pero no puedo.
Estoy a oscuras.
Mi mano no encuentra lo que toca.

Periódico La Jornada
Viernes 12 de abril de 2013, p. 2
París 11 de abril
Las personas con algún miembro amputado experimentan a menudo el síndrome del "miembro fantasma", una sensación en la que el cerebro imagina la existencia de un miembro que no está ahí. Sin embargo, un reciente estudio sueco muestra que incluso los no amputados pueden experimentarlo. Arvid Guterstam y su equipo de investigadores del Instituto Karolinska llevaron a cabo 11 experimentos, para que voluntarios con ambas manos vivieran la sensación de una mano invisible. Los participantes se sentaron alrededor de una mesa con la mano derecha escondida. Luego, un investigador tocaba la mano derecha del participante con un pincel, mientras imitaba el mismo movimiento con otro pincel en el aire, ante la vista

del participante. "Descubrimos que la mayoría de los participantes, en menos de un minuto, transferían la sensación de ser tocados en la región en el espacio donde veían moverse el pincel y experimentaban una mano invisible en esa posición", indicó Guterstam. En otro experimento, se utilizó un cuchillo de manera amenazante en la zona "ocupada" por la mano invisible para medir la transpiración del participante en las manos ante esta percepción de peligro. Los investigadores hallaron que el estrés del participante era mayor cuando experimentaban la ilusión, y desaparecía cuando ésta se rompía. El 74% de los voluntarios experimentaron el síndrome del "miembro fantasma" durante las pruebas, aseguró Guterstam.

El miembro fantasma está hecho de memoria.
Los fantasmas viven, la muerte no basta para erradicar sus hábitos; prenden la luz, roban las sombrillas viejas, aparecen en las fotografías, comen a solas, se desnudan en la azotea cuando sale la luna.
Los fantasmas son gatos de agua que alborotan a los perros.
El miembro fantasma: la mano que ya no tengo pero que puedo sentir fría a medianoche, abriéndome los ojos mientras duermo.
Puedo sentir cómo escribe.

No hay muerto ajeno cuando se vuelve un fantasma.
Así es el fantasma de mi suegro que aparece por las noches en la cocina.
Así son los fantasmas que vuelven al lugar donde murieron.
El fantasma de Kohada Koheiji, por ejemplo.
El fantasma de Kohada Koheiji aparece noche a noche al pie de su antigua cama y recorre cuidadosamente el mosquitero para observar a su mujer dormida; regresa eternamente al lugar donde murió, visita a sus vivos, no se desprende del sitio donde fue asesinado por la mujer que ahora vigila.
Ser asesinado por el amor.
Es razonable que una muerte marcada por la traición origine fantasmas.
Allí no hay reposo.
Durante el período Edo fueron comunes las estampas de fantasmas femeninos. Mujeres de cabello largo ondeando en el viento, blanquí-

simas, contrastando con la sangre que hirió sus vestidos. Mujeres flotantes. Hokusai decidió pintar cien historias de fantasmas; allí apareció intempestivamente frente a sus ojos Kohada Koheiji.

Un fantasma masculino con el rostro y las manos descarnadas, observando a su mujer.

Una mano arrancada volverá siempre al lugar que ocupaba.

Una mano como la de Hokusai.

Hokusai dibujó fantasmas.

Hokusai tuvo una mano invisible.

Hokusai tomó un pincel con esa mano para dar cuerpo y forma a lo que no lo tiene.

El cuadro de Kohada Koheiji es el testamento escrito por una mano fantasma, arrancada del tiempo y su lugar de origen.

Una mano que se encuentra, de pronto, en medio de la nada.

Una mano o una cabeza abandonadas sobre la carretera.

O ambas.

Un día, en medio de la nada, despiertan los mutilados; una tarde sobre la carretera de Matehuala aparecen cabezas desprendidas que miran ponerse el sol lejos de sus cuerpos.

Decapitados mientras su cabeza cruza el paisaje como rodadora del desierto; sumándole polvo y sangre a su desprendimiento:

Periódico La Nota Roja de México
07 de Feb, 2011 a las 2:25 am
Luego de responder a una llamada anónima,
elementos de nuestra Policía Federal
descubrieron dos cuerpos mutilados
sobre la carretera que lleva a Matehuala.

Los cuerpos se encontraban encimados;
uno de ellos llevaba pantalón de mezclilla,
y una camisa beige. Su cabeza se hallaba
sobre una cartulina con un mensaje obsceno.

Al lado se encontraba otro cadáver,
también vestía mezclilla y sudadera blanca,
pero a éste le cortaron una mano.

Al lugar de los hechos acudió
el Ministerio Público, quien trasladó los cuerpos,
al Médico Legista para reconocerlos.

Sí, juguetes decapitados que arden.
Hay muchas formas de perder la cabeza: nervios, borrachera, celos,
locura.
Perder la cabeza por una traición, como Kohada Koheiji, por ejemplo.
¿Pero perder la cabeza así, de tajo y a oscuras, sobre la carretera de
Matehuala, sin testigos ni nombre?
Perder cabezas por montones.
Instrucciones para arrancar la cabeza con un alambre de acero:
"Es tan fácil como cortar el queso con un hilo. Amarra a cada
extremo del alambre un pedazo de madera; luego, coloca el alambre
alrededor del cuello. Después, da vueltas a los pedazos de madera
y apriétalos, de manera que el alambre se tense sobre el cuello y
comience a cercenarlo. Aprieta aún más fuerte al llegar al hueso.
Justo cuando veas que la sangre comienza a derramarse en grandes
cantidades, tira hacia atrás con toda tu fuerza y ¡listo!, tendrás una
cabeza perfectamente arrancada del cuerpo, un corte preciso, sin
esquirlas; de artesano".
El país está lleno de pueblos fantasmas.
Patria: tu mutilado territorio
se viste de percal y de abalorio.

Mientras voy por la carretera de Matehuala, observo ambulancias y
patrullas acordonando la zona. El tráfico es intenso.
Después de pasar la escena del crimen, los autos encienden y apagan
sus luces sobre la carretera para ver los fantasmas de quienes mu-
rieron allí.
Atropellados o ejecutados.
A alguien deben pertenecerle esas cruces a un lado del camino.
¿Quién frecuenta esas cruces?
¿Quién y cuándo les lleva flores?
Éste es un mapa de cruces sin dueño.

La Historia agita sus tijeras en la oscuridad,
así que todo acaba sin un brazo o una pierna.
En ninguna parte se grita tanto.
En ninguna parte se ignoran tan completamente
dolores y angustias como en este lugar,
aquí siempre grita algo.

El miedo que obliga a sacarle filo a las tijeras en la sombra; miedo organizado, genocida, ejército arrancacabezas, intocable, madrugadas de plomo, impuesto, Todopoderoso miedo de mierda.

Sobre la carretera de Matehuala miro las cruces al lado del camino.
Pienso en el fantasma de mi suegro que me espera en casa.
Un muerto que respira.
No soy un hombre, soy los muertos que arrastro.
Pero tampoco soy un fantasma.
No puedo hablar como un fantasma, desconozco su idioma, su *tendencia a enmudecer,* su forma de eclipsar la lengua hasta entregarla por completo a la sombra.
Enciendo y apago las luces sobre la carretera como los otros autos, esperando encontrar un fantasma en medio del camino.
Enciendo y apago las luces del auto, pero no lo encuentro.
Tomo fotos a la carretera a oscuras.
Al llegar a casa les pondré una vela, les haré un sitio en el altar de mi suegro.
Encenderé una luz para pedir por los sin testigos, los que necesitan una mano, los que no tienen tumba, los que vieron morir a su padre y a Kohada Koheiji.
Con la mano al pecho, en la frente, en el estómago, pienso en los temerosos, los infartados, los que llevamos el miedo a cuestas como una cruz.
Pienso en mí.
Pienso en mi mujer.
Pienso en mi suegro.
Pienso en las cruces sin dueño, en los habitantes de los pueblos fantasmas.
Ahora, toda palabra sólo puede ser fúnebre:

apunta hacia la muerte; termina de golpe, mutilada.
Sé que mañana, sin deberla ni temerla,
como cualquier otro perderé la cabeza.
Ahora, escribo en silencio, con una sola mano.
No soy ya sino un melancólico y horripilante fantasma.
Enciendo la luz sin encontrarla.
Mi mujer duerme a mi lado y yo vigilo su sueño.
Hokusai nos dibuja con su mano invisible.
Afuera, la noche no cambia de planes
y la hierba comienza a secarse junto a las cruces de la carretera.
Afuera, pero los muertos persisten en su música allá abajo.

V

ME LLAMO HOKUSAI PERO TAMBIÉN ME LLAMO
KATSUSHIKA PORQUE ASÍ SE LLAMA EL PUEBLO
DONDE NACÍ Y ME LLAMO LITSU QUE SIGNIFICA
EL VIEJO LOCO POR EL DIBUJO Y ME LLAMAN
LOCO PORQUE DIBUJO LEONES Y ADEMÁS
ME LLAMO EDWARD LORENZ QUIEN FORMULÓ
LA TEORÍA DEL EFECTO MARIPOSA

Un nombre, la espera de un nombre,
un nombre para reconocerme.

Sigo escribiendo a la espera de un día apacible, digo, mientras miro pasar los días salvajes en tropel, estampidas de estampas, dibujos de las estaciones, innumerables imágenes dentro de mi cabeza: fantasmas, animales, olas, sueños, paisajes, monstruos. Cada uno de ellos tiene mi nombre escrito.

Mi nombre: un caleidoscopio.

Vivimos entre nombres; lo que no tiene nombre todavía no existe.

Me llamo Hokusai, pero también me llamo Katsushika porque allí nací: soy un pueblo sereno, soy cada persona que allí vive. Soy un pueblo donde los hombres esperan la llegada de un día apacible. Allí la luna es un diente de ajo. Allí decido nombrarla y dibujarla. Bajo esa luna dibujo leones y también decido nombrar mi pasado. No conocí a mis padres, no hizo falta, aún con padres hubiese sido huérfano.

Hay cosas para las que uno nace.

Yo nací para ser huérfano.

Por eso decido darme un rostro, escribirme una historia.

Alguien decidió adoptarme y yo decidí adoptar el nombre del lugar donde nací.

Decido perdurar: las líneas no mueren.

Las líneas de la mano, de la frente, del papel y del destino permanecen.

El tiempo es un blanco, no una línea.

No hay línea para una historia lineal.

Mi autorretrato: ¿es injusto, arrogante o pretencioso dibujarme?

El rostro es testimonio.

¿Es preciso decir el nombre de mis padres, nombrar mi color favorito, la temperatura a la que prefiero la regadera por la mañana, mis libros de cabecera; confesar que debo quitarme los anteojos y masajearme el cráneo cuando intento concentrarme?

¿Tengo qué confesar cuántas muelas tengo picadas para corroborar que esto es cierto?

El testimonio no es verdad.

No siempre.

Sólo el silencio es cierto, pero no puedo callarme.

En este autorretrato hace falta algo: un ejército de leones avanzando en la mirada, un hombre oculto detrás de la locura.

El Viejo Loco por el Dibujo, Litsu, así llamaban a Hokusai. Ése también es mi nombre.

Encuentro en Katsushika Hokusai una locura lúcida. La gran ola de Kanagawa fue la primera estampa suya que vi. Ya no recuerdo dónde. Quizás en un museo. Después siguieron muchas más estampas, un tsunami de sueños y pesadillas. De pie, sentado, con la mirada fija en el monitor, recuerdo haber pensado: yo dibujé esto. La firma en japonés, el garabato al pie de la estampa es mi nombre. Yo comparto esa locura. Avanzo en un mundo flotante. Ése dibujo es mío. Así me llamo.

Me llamo Hokusai y también Monte Fuji: tierra en los párpados, atardecer poniéndose en mis ojos, nieve como la caspa de los árboles.

Mi nombre es lo único mío que es de todos.

Mi nombre es un paisaje.

Soy paisaje.

Soy un pretexto.

Pero, sobre todo, soy viejo.

Las líneas de mi rostro están cansadas, curtidas como el cuero o la madera donde dibujaba Hokusai.

Pero una línea no se borra por muy vieja que sea.

Soy viejo y estoy loco.

El color puede enloquecer.

Las imágenes desbordadas enloquecen.

Los locos esperan un día apacible, son tiernos y salvajes, contradicción, choque de mundos; flores carnívoras, ocasos, huérfanos, calor en sombra, interludios; repiten su nombre hasta enloquecer o lo inventan o multiplican por cada episodio de su pasado.

Los locos tienen un nombre para cada recuerdo.

Los locos hacen música con sus huesos rotos; el viento sopla en esos huesos sin calcio. Nadie reina en ese reino, nadie manda en el pueblo de los locos. Sólo el contagio. Sólo los sueños y visiones puestas en estampas producidas en serie.

Ukiyo-e: lo irreal no tiene que ver con la locura.

Lo irreal es sublime y ocurre pocas veces.

La locura es algo cotidiano, caminar todos los días en un mundo flotante.

Mi locura son los demasiados nombres, demasiadas imágenes dentro de la cabeza.

Imágenes que a la larga darán forma a mi rostro.

La imagen que tengo de mí mismo.

Imágenes alternadas, infinitas.

Imágenes de leones, por ejemplo.

> *Hokusai a los ochenta y tres años*
> *dijo,*
> *hora de hacer mis leones.*
> *Cada mañana*
> *hasta su muerte*
> *219 días más tarde*
> *hizo*
> *un león.*
> *(...)*
> *Sigo dibujando*
> *a la espera*
> *de un día apacible,*
> *decía Hokusai*
> *mientras los leones pasaban en tropel.*

Sigo escribiendo mientras los leones dentro de mi cabeza pasan salvajes en tropel, rugen sus músculos y melenas imperiales. Yo los oigo. Los pinto bajo un bambú, iluminados por los rayos de un diente de ajo.

Leones hermosos y terribles, corpulentos, fornicando bajo los cerezos.

Leones dormidos desde hace siglos.

La luna: diente de ajo, diente de león.

León: me gusta ese nombre. Podría llamarme de esa forma, atender a ese signo y rugir en el paisaje de una hoja, sabiéndome señor de ese lugar en blanco.

¿Debo confesar que mi cabello largo es heredado directamente de la línea paterna?

¿Debo decir que mis antepasados fueron unos animales?

Mi abuelo: león enloquecido de poder.

Mi padre: el león y el adulterio.

Mi árbol genealógico es un árbol donde duermen los leones.

Dormir tan alto, con los sueños tan cerca de la luna, enloquece.

> Si pierdo el juicio habré ganado la batalla. Necesito ser más salvaje. Escribo una palabra a la vez, lentamente, cuando debería reproducirlas en serie. Necesito echarme a la sombra y reproducirme como un león. Fornicar día y noche. Necesito escribir bajo los cerezos. Perder la razón para encontrar respuestas. Reproducirme hasta grabar mi nombre en algún lugar de la memoria. Reproducirme en serie como las estampas de Hokusai.

La locura no es predecible.

La locura es una ligera variación en nuestro pasado.

Toda variación, por mínima que sea, en el principio de una historia, puede derivar en caos. Lo caótico no es catastrófico, pero sí impredecible.

Me llamo Hokusai, pero también me llamo Edward Lorenz.

Después de trabajar como pronosticador de tiempo para la Fuerza Aérea Estadounidense durante la Segunda Guerra Mundial, el matemático Edward Lorenz, al intentar predecir el cambio atmosférico, encontró que una ligera variación en las condiciones iniciales puede tener graves repercusiones en los resultados futuros. A partir del proverbio chino, "El aleteo de una mariposa puede sentirse al otro lado del mundo", Lorenz teorizó el caos; palabras, números y signos en orden indistinto pero con un principio fundamental, un comienzo que al sufrir la menor alteración cambia el paisaje.

La fisura en la línea de un paisaje: los secretos, las omisiones del testimonio.

Si continúo escribiendo me convertiré en mi padre, su sangre hervirá en la mía.

Mi padre, el único que tengo, el que Hokusai no conoció.

Si Hokusai hubiera tenido padres no dibujaría.

Mi padre siempre me ha inspirado compasión.

Cuando nací, mi padre delineó mi vida en la palma de mi mano.

Mi padre trama en secreto nuestra muerte.

Los leones se alimentan de cachorros.

Si fuera más compasivo con él, mi padre tendría alas de mariposa.

Si Edward Lorenz hubiera nacido en Cambridge y no en Connecticut, las mariposas nacidas de 1917 en adelante no tendrían alas.

Si una mariposa hubiera volado cerca del Monte Fuji cuando nació Hokusai, el viejo habría enloquecido no por huérfano, sino por el dibujo.

Mi padre se llama Hokusai: está viejo y loco.

Si encontrara otra forma más amable de nombrar a mi padre, lo haría;

lo haría, si encontrara otra forma más amable de amarlo.

Si encontrara otra forma de decir mariposa, sería:

$r = 28$, $o = 10$, $b = 8/3$, heraldo de polvo y muerte, juguete de la infancia, recuerdo de mi padre, profecía, ligera variación en mi memoria, o sería la forma en que la describe el caos del sueño de Chuang-Tzu:

> Soñé que era una mariposa. Volaba en el jardín de rama en rama. Sólo tenía conciencia de mi existencia de mariposa y no la tenía de mi personalidad de hombre. Desperté. Y ahora no sé si soñaba que era una mariposa o si soy una mariposa que sueña que es Chuang-Tzu.

Hokusai se levanta a contemplar el Monte Fuji, toma asiento, toma un pincel y comienza a dibujarse. Edward Lorenz se levanta a tomar el desayuno en la cocina, mira una mariposa en el jardín. Mi padre se levanta para fornicar debajo de los cerezos con una corte de hembras.

Yo me levanto a escribir la mañana mientras me rasuro y el aleteo de una mariposa me reconcilia con mi padre a través del caos.

Nos reconcilia a todos.

Lorenz se llama Chuang-Tzu.

Chuang-Tzu se llama mariposa.

Yo me llamo Chuang-Tzu y Hokusai y como gusten llamarme.

Sueño que soy Edward Lorenz y al despertar no sé si soy un hombre que soñó ser Edward Lorenz o Edward Lorenz que ahora sueña que soy yo.

Soy un hombre que sueña que es su padre.

Me llamo como él: tengo su barba, sus dientes y sus obsesiones.

Me quito los anteojos y masajeo mi cráneo para intentar concentrarme.

Escribo: me llamo como escribo.

Cuando muevo la lengua, digo mi nombre.

Cuando hablo de más, digo varios.

Cuando hablo, un león lanza su rugido en lo alto del Monte Fuji, en la aldea de Katsushika, en esta habitación o en el departamento de Edward Lorenz en Cambridge.

Cuando hablo, mi padre se quita los anteojos y se masajea el cráneo para no escucharme.

Hablar es la manera en que mi padre me enseñó a rugir.

Por eso me autorretrato.

Me llamo C… porque así se llama el pueblo donde nací. Tengo los ojos azules, herencia de mi abuelo paterno. Tengo los ojos de mi padre, por eso miro el mundo de esta forma. Pierdo el cabello a mechones. No tengo colmillos de león, mis dientes se han vuelto amarillos por el humo del cigarro. Odio las mariposas; la simple palabra me parece cursi. No sé dibujar. Eso es cosa de locos. Los viejos me dan miedo y su olor a canela me da asco. Nunca he estado en Japón, pero lo conozco, lo he visto desde hace siglos a través de los ojos de Hokusai. Nadie puede decir que Hokusai no tenía los ojos azules. Soy un volcán activo. Tengo cáncer. No sé nadar. Redundo. No sé omitir lo obvio. Llevo casado 4 años. Soy caótico. Cuando visitó el mar, me molesta la arena húmeda entre los dedos de los pies. Cuando subo a un barco, imagino los monstruos que aguardan en lo profundo. Creo en las pesadillas. Creo en los fantasmas. Los fantasmas me visitan puntualmente. Tengo las manos curtidas porque escribo para reproducirme en serie. No sé sumar. No soy matemático. Las matemáticas me dan dolor de cabeza y entonces debo masajearme el cráneo. No estoy loco, sólo pienso que éste no es mi tiempo. Soy tartamudo. ¿Ya dije que soy casado? A menudo sospecho de mi nombre.

Enumeración caótica con pequeñas variantes al inicio.
Lista de recuerdos y últimas voluntades.
Esquirlas: huesos de mariposa.
Un ínfimo aleteo de mariposa al otro lado del mundo puede sentirse como un tornado en mi habitación.
Me llamo Hokusai desde el inicio, sólo que con pequeñas, incalculables variantes.
No son máscaras, son rostros.
No son heterónimos, son sobrenombres.
Apodos, por ejemplo.
Los nombres que no me dio mi padre.
Me llamo Hokusai.
Te llamas.
Nos llamamos.
Eso es un nombre, un llamado; la forma que inventamos para unirnos.
El significado sonoro al que atendemos.

> William Carlos Williams: "Me gusta pensar en el dibujante japonés Hokusai, quien dijo que cuando tuviera 100 años (vivió hasta los 99), cada punto sobre el papel sería significativo (…) Una mañana, después de un sueño relajante, el hombre se levanta, quizá en la oscuridad previa al alba, y lo que le había estado fallando en la elaboración de los ingredientes de un color se le aparece en un destello, y los detalles se despliegan ante sus ojos…"

Me llamo Hokusai y son míos su nombre y sus acentos
porque un nombre es la voz que lo pronuncia.

La voz, siempre la voz.

Antes de hacerme una voz, reconozco mis ecos.

Nadie nace con un nombre propio.

No tengo hacia dónde hacerme, no hay asidero.

No tengo anécdotas, ni palabras puntuales.

El nombre es abstracto.

El nombre es la abstracción de lo que nombra.

> *Hay un término para todas las cosas, mas no aquí.*
>
> *Está donde nuestros nombres, pende como carne de los árbo-*
> *les flamígeros.*
>
> *(…)*
>
> *Algunos nombres están por todas partes, tanto arriba como*
> *abajo.*
>
> *Se les oculta y se les revela.*
>
> *Los llamamos sabios, pues la sabiduría de la muerte suele ser*
> *nombrada pequeña sabiduría.*
>
> *¿Y mi nombre? ¿Y tu nombre?*
>
> *¿Dónde los encontramos, en qué bolsillo?*
>
> *Donde quiera que se encuentren, mejor déjalos ahí, desco-*
> *nocidos.*
>
> *Las palabras hablan por sí mismas, el anonimato también.*

Un nombre, algo para nombrar la llegada de un día apacible.

Mariposas, por ejemplo.

Insectos, son sólo insectos voladores; plagas si se multiplican.

El día tiene sus mariposas contadas. Dos semanas, luego de eso, mueren. Yo vi su imperio en Michoacán; pequeñas e infinitas alteraciones en el orden de las cosas. Santuario del caos. Yo jugaba a atraparlas cuando era niño. Mi padre las sumergía en alcohol para disecarlas.

Pero las mariposas no me sobrevivían, a menudo las pulverizaba.

Aún no sé que nombre darle a eso.

Nombramos lo que amamos.

¿Tengo qué confesar el nombre de mi padre?

Nombramos lo desconocido para perder el miedo.

Sólo con el miedo vencido y humillado puede preguntarse un nombre;

sólo dominándolo podemos unir ese nombre con el nuestro.

Aún no sé en qué momento sucedió la ligera variación de mi historia.

¿Fue acaso el día en que nació Hokusai?

De dónde nació el principio, de dónde llamarme como me llamo.

En qué lugar sucedió el aleteo de la mariposa que cambió todo.

Quizás fue necesario hablarte para entender ni nombre.

Fue necesario escribirlo para recordarlo.

Un recuerdo, una estampa de la memoria; mi retrato sería impreciso sin esa escena a tu lado: tú, sentada en el restaurante, con la falda café, la limonada, la blusa blanca, los papeles dispersos y a la espera, como yo, de un día apacible:

Disculpa, ¿puedo sentarme? Hola, soy C…, ¿puedo preguntarte tu nombre? Perdón. Te vi y no pude evitarlo. ¿Vienes sola? ¿Te molesta si fumo? ¿Tú fumas? ¿No? Qué bueno, yo también he intentado dejarlo. Escribo, bueno, entre otras cosas, escribo. ¿Y tú? No conozco a nadie que trabaje en eso, ¿cómo es?, ¿vas a los hospitales?, ¿tienes que tratar con enfermos? Sí, mi papá, pero hace mucho. Sí, con quimioterapia. Fue horrible, pero no quiero hablar de eso. Nunca te había visto en este restaurante. Trabajo por aquí. Te recomiendo las verduras a la plancha. Pero, volviendo al punto, ¿cómo te llamas? No soy muy bueno adivinando. ¿Mariana, Erika? Tranquila, calma, es sólo una mariposa. En el pueblo de mi papá les dicen ratones voladores o mariposas de papel. Ya se fue. Tranquila. Siéntate. ¿Cómo dijiste que te llamas? Ah, es un nombre muy bello. Gracias por confiármelo. ¿Puedo decirte algo más?, tienes los dientes más lindos que he visto; perfectamente alineados. Calma. Tranquila, fue sólo una mariposa, te digo que no volverá. Oye, te tengo otra pregunta, la última, te lo juro: ¿sabes cómo se dice tu nombre en japonés?

VI.

NOTA

Me llamo Hokusai y en algunos versos en cursiva de este libro también me llamo Dante, Lucian Blaga, Gottfried Benn, Anne Carson, Paul Celan, Tristan Corbière, Empédocles, Jorge Fernández Granados, Rodrigo Fresán, Víctor Hugo, Ramón López Velarde, Henry Miller, Octavio Paz, Carlos Pellicer, Adrienne Rich, Arthur Rimbaud, Gonzalo Rojas, Charles Simic, Charles Wrigth, Francisco Tario, Francis Tessa, William Carlos Williams y como quieran llamarme.

Me llamo Hokusai, de Christian Peña, Premio
Bellas Artes de Poesía Aguascalientes 2014, se terminó
de imprimir y encuadernar en octubre de 2014 en
Impresora y Encuadernadora Progreso, S. A. de C. V.
(IEPSA), Calzada San Lorenzo, 244; 09830 México, D. F.
La edición consta de 3 000 ejemplares